# 官箴荟要

九

线装书局

# 官箴薈要

九

[illegible]書局

# 目录

## 康济谱卷三　器量

日月昭清，天无隐晃。瀚海注兹，大受回沉。穆穆宜冲，乃意焉安。我观古今，其人实难。次器量第三。

潘彝木开曰：人禀图衣缀浊，眼际霾霭，浑觉世界隘狭。日为喜怒所役，以致生厌休戚，若无所关。其究在学力之未充，故器量多褊狭耳。然中又有天挺爽直，始虽之不见怒于人，须年卒包容若故，又非学力可能者也。必之士中有藏垢纳污之齐，乃能海涵。遂弗请，昇务于一概，皆天之无不覆也，皆地之无不载也，斯若藏其生成，而乃之偏非，亘古真无疆矣。

宋就令梁边县，与楚邻界。梁楚之边亭皆种瓜，梁人数灌其瓜，瓜美；楚人窳而稀灌其瓜，瓜恶。楚令因以梁瓜之美，怒其亭瓜之恶也。楚人于是夜往窃搔梁亭之瓜，皆有死者。梁人觉之，亦欲窃搔楚亭之瓜，乃请于宋就。就曰：「恶！用是构怨之道也。人恶亦恶，何褊之甚也？若我教子，每夜为楚亭往灌其瓜，勿令知之。」梁人果若就言。及楚亭视瓜，则已灌矣。瓜日以美，楚亭怪而察之，则乃梁亭人。楚闻之，大悦，以告楚王。王遽告吏曰：「此梁之阴让也。」乃谢以重币，请交梁王。梁楚之交欢，就始也。

潘彝木开曰：由中之良也，上则以德先之，使须革其毒，莅事亦以好音；次则以量容之，使机隐于山林，虎豹藏于薮泽，本是天造生成之德量。若必欲搏击而诛之，以暴益暴，以烦济烦，更何异于鸷急之人也？况不以一瓜之故，而酿衍滥之，致使梁楚交兵，流德怨于无言，况亦可谓明于机先者矣！

丙吉为相，有吏嗜酒，数从吉出，醉呕吉车中。西曹欲斥之，吉曰：『以醉饱之失去士人，将复何所容？西曹第忍之，此不过污车裀耳。』后因边塞事，卒得醉吏之力。

潘鳞长氏曰：语云：『恩不在大小，期于当厄；怨不在浅深，患在伤心。』故楚庄不罪绝缨之臣，秦穆不罪食马之盗；赵盾食翳桑之饿莩，顾荣啖执炙之役。夫或得其助以成功，或赖其力以免难。至于华元杀羊，独靳羊斟，而卒致丧师；郑灵解鼋，独靳子公，而因以遇杀。以细事而受酷祸，往往若此，则吾人之施恩远怨，何必论大小计轻重，亦在人情缓急之间审之耳。余感丙吉不罪污裀之吏，而卒能得其力于边塞，乃畅言之，以为褊衷忽微之戒。又本朝夏元吉，天性宽平。尝有从吏，污所服金织赐衣，惧欲逃。元吉曰：『污可浣，何惧为？』又一日，冬出





使至馆，命馆人烘袜，误烧其一，馆人惧，不敢告。索袜正急，左右请罪。元吉笑曰：『何不早白？』并弃之而行。又在户部时，吏污精微文书，肉袒以候。元吉曰：『汝何预焉！』明日入便殿请罪：『臣不谨笔墨，致污精微文书。』夫丙、夏二公，岂不能伸威于污裀不谨之吏卒者？彼谓所关止一身，非有害于天下国家也。虽然，要非国尔忘家、公尔忘私之念切，亦不能矣。二公器量如此，其功业安得不昌且大哉！

金孝章氏曰：观丙吉之语西曹，使人躁狭之心都尽。人惟能弃细过，往往得人之力。盖感激思报，虽懦夫亦知奋勉耳。若居上者不能宽恕，即下亦何所赖乎？

卓茂令密，初辟丞相府史事，孔光称茂为长者。尝出行，有认马者，茂心知其非，嘿解与之，而自挽车去。将行，

欲斥之。吉曰：『以醉饱之失去士人，将复何所容？西曹第忍之，此不过污丞相车茵耳。』后因此事，卒得驭吏之力。

海灏禾天曰：语云：『惠不在大小，期于当厄；怨不在浅深，患在伤心。』楚庄不罪绝缨之臣，秦穆不罪食马之盗；故酒食骏马之乘辇，愿莫效执殳之役。夫宽得其恩以报功，赖其力以免难。至于华元杀羊，海斩羊轻，而卒致其败；若见解围，海斩于公，而因以通来。以细事而受骂者，往往若此。见吾人之施恩泛纵，何必论大小，计轻重，亦在人情缓急之间审之耳。余观丙吉不罪污酒之吏，而卒能得其力于边塞，乃思言之，以为掩吏微之死。又本朝夏元吉，天性宽平。尝有从吏，污所服金织赐衣，惧致逃。元吉曰：『污可浣，何须逃？』又一日，令出使至宿，命宿人浣袜。误落其一，宿人惧，不敢告。索袜甚急，左右请罪。元吉笑曰：『何不早白？』并弃之而行。又在户部时，吏污精微文书，内惧以逃。元吉曰：『安何须逃焉！』明日入便殿请罪：『臣不谨，毁污精微文书。』夫丙、夏二公，岂不能伸威于污茵不谨之吏卒者？彼谓所关止一身，非有害于天下国家也。虽然，要非国家之志家，公亦忘私之念切，亦不能矣。二公器量如此，其功业安得不昌且大哉！

金幸章夙曰：观丙吉之语西曹，使人躁急之心顿消。人谁能奉法？往往得人之力。盖激厉思报，虽懦夫亦知奋勉耳。若居上者不能宽恕，即下亦何所赖乎？

卓茂令密，初辟丞相府史，事孔光，光称茂长者。出行，有认马者，茂心知其非，默解与之，而自挽车去。步行。

顾而谓曰：『若非公马，幸至丞相府归我。』他日别得亡马，乃归茂马，谢罪。茂曰：『幸见归，何庸谢？』

潘鳞长氏曰：余观茂之让马也，始无吝心，既而归马也，亦无非意。任马之去来，而不较以是非，听人之取舍，而不形为喜怒，真一虚舟飘瓦也。持此法以涉世，何畏人之翻云覆雨、朝四暮三耶？又《梁史》：刘凝之为人认所着履，即与之。此人后得所失履，送还，不肯复取。沈士麟亦为人认所着履，士麟笑曰：『是卿履耶？』即与之。后仍送还，曰：『非卿履耶？』笑而受之。东坡曰：『此虽小事，然处世当如士麟，不当如凝之也。』书此以见卓子之风不孤。

刘宽守南阳时，微行，有失牛者，乃就宽车认之，宽即令解去。少顷得牛，送还，叩头谢罪。宽曰：『物有相类，



事容脱误，幸劳见返，何罪为？』州里服其量。官至太尉，一日上前被酒，上问：『醉耶？』曰：『臣不敢醉。但任大责重，忧心如醉耳。』上嘉之。

潘鳞长氏曰：卓、刘二子，不罪冒认牛马之人，即颜子之存心不过是也。然未可以为法也，非其义，一介不以取与，古之人已严之者，岂有听其冒认而不较乎？是又不然，盖二子职在化民，于此而不较，民自相率而无争矣。至宽对上『忧心如醉』一语，夫岂漫不事事之人哉？人亦当知所重矣。

金孝章氏曰：宽之曰『不敢醉』，非小心敬事者不能。至以『任大责重而忧心如之』，意念深矣。凡事君者，必具此心事，方可以为大臣，不然则用忧为谑耳。或乃衔杯不问时务，岂天真湎以酒耶？

何武刺扬州。时九江守戴圣治《礼经》，号『小戴』，行治多不法。前刺史以其大儒，优容之。及武为刺史，行部录囚徒，有所举以属郡，圣曰：『后进生何知，乃欲乱人治？』皆无所决。武使从事廉得其罪，圣惧自免。后为博士，毁武于朝。武闻之，终不扬其恶。而圣子宾客为盗逮系，圣度子必死，武平心决之，卒得不死。圣惭服。自是武每奏事京师，圣必造门谢恩。

潘鳞长氏曰：何武不怀旧怨，戴圣惭服谢恩，皆非近世浇滑所能。至于闻圣毁而终不扬其恶，如此器量，真可与语毁誉一致、恩怨两忘之学。

黄霸丞河南，为人明察内敏，又习文法，温良有让，善能御众。有长吏许丞老，督邮白欲逐之，霸曰：『许丞廉吏，虽老，尚能拜起迎送，且善助之，毋失贤者意。』或问







其故，霸曰：『数易长吏，送故迎新之费及奸吏夤缘绝簿书盗财物，公私费耗皆出于民，所易新吏又未必贤，徒相益为乱。凡治道，去其太甚者耳。』霸以外宽内明得吏民心，治为天下第一，征守京兆尹。

潘鳞长氏曰：史称霸务在成就全安，观其处许丞一段，委曲之诚，不惟为朝廷得廉吏之用，亦且为地方惜不赀之费矣。至云『所易新吏未必贤』一语，既足动贤者以尽职，即奸吏老胥亦不得而夤缘其间耳。

薛宣守左冯翊，赏罚明，而用法平，所居皆有条教可纪，多仁恕。池阳令举廉吏狱掾王立，未及召，而立妻受囚家钱，立实不知，惭恐自杀。宣闻之，移书池阳令曰：『立家私受赇而不知，致杀身以自明。立诚廉士也，其以府决曹掾，书立之柩，以显其魂。府掾史素与立相知者，

海锋木天曰：史称霸务在成就全安，况其在许丞一段，委曲以存之，不独为朝廷得廉吏之用，亦且为吏治去一不浅之弊。至以『所易新吏未必贤』一语，既见远识，足以见。思有吏老而不得自安其间耳。

薛宣守左冯翊，频阳县令平陵薛恭有孝称，数治，各得其宜。流留令本廉吏，称于上，未及白，而立奏罢因家贫，立身不苟，萧然自守。宣闻之，移书流留令曰：「立家贫受廉而不苟，故以自给。可谓廉士矣。其府决曹掾，书立之廉，以显其廉。府掾史素与立相善者皆予送葬。』及日至休吏职，曹掾张扶独不肯休，坐曹治事。宣出教曰：『盖礼贵和，人道尚通。日至，吏以令休。曹虽有功职事，家亦望私恩意。掾宜体（从）众，归对妻子，设酒肴，请邻里，一笑相乐，斯亦可矣！』扶惭谢。官属善之。

潘鳞长氏曰：按：宣性密静有思，思省吏职，求其便安。下至财用笔研，皆为设方略，利用而省费。故郡称清静，而吏民多感之。王立之以死自明，盖不忍负所知耳，而妻实致之，可怜哉，甚矣！家人之贵同心也，而宣能慰其魂，虽殁无憾矣。

陈寔为太丘长，值党事起，馀多逃窜。寔曰：『吾不就狱，众无所恃。』遇赦得出。灵帝时中常侍张让父死，归葬颍川，虽一郡毕至，而名士无往者，让甚耻之，寔乃独吊焉。（一吊未遂，属节与孔子见南子、阳货意同）及后复诛党人，让感寔，故多所全宥。







潘鳞长氏曰：陈仲弓送张让之丧，善类因而保全者甚众，论者率以为污。于戏！古之人杀其身有益于世则为之，况污其身以益于世乎？若仲弓者，可谓权以济变者矣。又曰：我果为长江大海，何患横流之不能容我；果为大冶红炉，何患顽铁之不可铸哉！观陈仲弓独吊张让之丧，卒致脱党人之祸，所谓使『拚彼飞鹗（鹗）怀我好音』者。虽然，节不易达，权不易行，坚白未至而轻磨涅，恐磷缁之不能免也。

王承守东海，政尚清静，不为细察。小吏有盗池鱼者，获之，承曰：『文王之囿，与众共之，池鱼复何足惜耶？』又有犯夜者为吏所执，承问其故，答曰：『从师受书还，不觉日暮。』承曰：『鞭挞宁戚以立威名，恐非治化之本。』使吏护送还家。

潘鳞长氏曰：不以鞭挞立威为治化之本，则必能知本之所存者矣；不为细察则弘纲巨目，必有举而包之者矣。然则其政尚清静者，岂一切颓堕云乎者哉？

房景伯守清河，郡民刘简虎曾无礼于景伯，闻景伯临郡，合家逃之。景伯督切属县追访，而署其子为西曹掾。值山贼为梗，景伯命谕之。贼以景伯不念旧恶，一时俱下，时论称之。

潘鳞长氏曰：景伯不罪简虎，且署其子为曹掾，是何其勇于为义也！卒令贼闻义俱下，人亦何必置怨恶于胸次也？可见以力服人，不若以情感人之为最真；以法驱人，不若以义动人之为更切矣。藉令景伯萌一旧恶之念，而必欲报复之，夫安知简虎不为贼之戎首乎？

裴度在中书，左右忽白失印，闻者失色。度饮酒自







如。顷之，复白得印故处，度亦不应。或问其故，度曰：『此必吏人盗之以印书券耳。急则投之水火，缓则复还故处。』人服其识量。

潘鳞长氏曰：褊衷固不可以为政，即过宽亦非其正也。须知宽之极，正繇其明之极耳。量有生于识者，此类是也。具度之识量者，审之。又李琮为湖南观察使，渔人献巨鲤，琮令家人烹之，腹中得一印，其文曰：『衡山县印。』琮因取衡山近日文书，视其印篆，分明似新铸者，乃召衡令携印，阅之，果新铸也。琮屏人诘之，令伏罪曰：『旧印为人窃去，某与吏惧刑戮，乃潜为之，令唯俟死命也。』琮为秘其事，碎其新印，令赍旧印归。自是县罕知者。合二事观之，裴之识量固高，李之德量亦难及。使在今日值裴之事，则仓皇无措；值李之事，则无有不表暴以示

己之精明耳。夫精明而又处之以浑厚，李之德量，信难及矣。

金孝章氏曰：藏精明于浑厚，则精明之用乃益深妙；若遽尔扬之，亦立尽无余味耳。天下事非精明无以悉，非浑厚无以全，欲成大业者，可不鉴往哲而深思其故乎？

钱徽典贡举，四川节度使段文昌以书属所善士于徽。及榜出，不与，文昌衔之，谮不公，徽坐贬。或谓徽当奏发私书，徽曰：『事苟无愧，得丧一致，奈何奏人私书耶？』

潘鳞长氏曰：观钱徽之不发私书，非平心观理者不能。可见今世专发人私书者，直是恩怨太明、宦情太热矣。特揭钱徽一端，以为世法。



郭子仪与李光弼俱为安思顺牙门将，不相能，虽同席饮，未尝交言。后子仪代为将，光弼欲亡去，恐见诛，乃入跽请曰：『死所甘心，但乞贷妻子。』子仪趋堂下，握其手曰：『今国乱主辱，非公不能定，仆岂敢怀私忿哉？』因涕泣勉以忠义，遂定交，荐为节度副使，分兵捣贼。于是光弼权名日盛，同居将相，无纤毫猜忌。既而子仪为鱼朝恩所毁，罢其军，而以光弼代，士卒涕泣遮中使请留，子仪故言曰：『我饯中使耳，未行也。』因跃马去。而光弼将五百骑驰赴其军，子仪处散地无怨色。

潘鳞长氏曰：天下惟善居功名之人，（惟子仪精忠贯日可与语此，李临淮不无可议。）其一生精神只从国家起见，绝不着一恩怨于胸中，所以能建大功，享令誉，使上下不疑。如汾阳者，真可为怀私矜伐者戒矣。

李泌初平章事，与李晟等俱入见，上谓泌曰：『朕与卿约：卿慎勿报仇，有恩者，朕为卿报之。』对曰：『臣素不与人为仇。李辅国、光(元)载皆害臣者，今自毙矣。素善者，率以显达，或多零落，无可报也。臣亦与陛下约：愿陛下勿害功臣。李晟、马燧有大功，陛下万一行谮，则宿卫之士、方镇之臣无不反侧，恐中外之变复生也。陛下诚不以二臣功大而忌之，二臣不以位高而自疑，则天下永无事矣。』晟、燧皆起泣谢。

潘鳞长氏曰：恩怨未泯，报复横胸，即颠倒国事，而不顾其根胚于疑忌，故谮得以行之。使俱若泌之言，则君臣握手之欢，未有不终者也。

金孝章氏曰：长源因机进规，其言最直而尽，当必有潜为之融遏者。夫君导其下以恩仇之说，则下之起而



相寻于报复，益将纷纷，且此意既开自人主之胸，则安知其不身先见之乎？于此隳功而酿变，卧榻之旁，皆为反侧子矣。

张说为尚书，操履纯洁，而待物不苛。有为四川监司者，诣说请教，说曰：『川行甚险，州县小官，携妻拏往者，实以躯命博升斗之禄，脱有不测，举家葬鱼腹矣。君辈幸勿以微罪而去其前程也。』闻者感服。

潘鳞长氏曰：今之养尊自重、菲薄小官，反借觉察以见风裁者，读此能无愧于心乎？我朝大学士高拱上言：『国家用人不得官于本土，惟有民社之责然耳。若夫学仓驿递等官，官卑家贫，一授远官，或弃官而不能赴，或去任而不能归，零丁万状，情实可怜，近例教官得授本省地方，乞视此为例。』从之。此与张公同一德量矣。玄宗

时，都督裴伷先下狱，张嘉贞请杖之，张说曰：『「刑不上大夫。」为其近君，且以养廉耻也，盖士可杀不可辱。臣向巡边，闻姜皎杖于朝，皎官三品，亦有微功，奈何以皂隶待之，今岂宜复蹈前失？』上深然之。嘉贞不悦，退谓说曰：『何论事之深也？』说曰：『宰相，时来则为之，若大臣皆可答辱，行及于吾辈矣。此言非为伷先，为天下士君子也。』观说之持论如此，信能扶植士气，可以居端揆，而进退天下矣。

狄仁杰在汝南，多善政。一日见武后，后曰：『颇有谮卿者，欲知之乎？』杰曰：『陛下以为过，臣当改之；以为无过，臣之幸也。谮者，乃不愿知。』后叹其长者。

潘鳞长氏曰：吾闻虎生三子，其一为豹，以其不类己也，未及濡雾，而以饷山神；鹳生三子，其一为鹤，以其不类己也，未及顶朱，而投之地下。夫人于同己者，则



誉之，惟恐有未当；异己者，则谮之，惟恐其未周，皆是类也。岂知圣贤知过则幸，闻过则喜之心，正不从彼我异同间起见也。若必欲求闻谮我之人，则一膜之外，便相睽绝，是我先成天地间一异物也，将何以立乎人之本朝？噫！人能持狄公之言以涉世，不亦进退绰然有余裕乎？

金孝章氏曰：宰相为国家者，止欲闻过；自为者，则惟愿知言过之人。用心稍殊，君子小人之分途，辨诸此矣。岂知愿闻过者之正所以自为乎？夫相之真能自为者，未有不为国家者也。为国家必思补过，补过必将尽忠，夫然后可以有终焉耳。

李日知在官，不行捶挞，而事集。有令史受敕，三日不行，日知怒，欲捶之，既而曰：『我欲捶汝，天下人必谓

汝能掠李日知嗔，受李日知杖，不得比于人，妻子亦弃汝矣。』遂释之，吏感悦，以后无敢犯者。

潘鳞长氏曰：昔慕容农有云：尊不迫人于险。当人危急之时，其操纵之势在我，此宽一分，则彼受一分之惠。若扼之不恕，控之不已，鸟穷则攫，兽穷则搏，反噬之祸，将不可及。观李日知释受敕之吏，而又复委曲开诚之者，得是道也。

李勉为江西观察使，人有父病，以蛊道为木偶人，署勉名位，瘗于其陇。或以告勉，勉曰：『彼为父禳灾，亦可矜也。』舍之。

潘鳞长氏曰：人子为亲禳灾，亦何所不至，但不可假官之名，刻木瘗陇，虽其事近于邪，要亦一时解免无方，万不得已之极思，于勉何仇焉？推其心又不过，藉一正人君子之名以镇压其邪魔耳。勉矜而舍之，是真能以孝劝化矣。然其识量之豁达，尤不可及。







张齐贤为布衣时，有群盗攻劫聚饮，居人窜匿。齐贤独近前曰：『贱子贫困，欲就一饱。』盗曰：『秀才肯自屈耶？』齐贤曰：『盗者非龌龊儿所为，皆世之英雄耳。』乃取大杯满饮，将㹠肩瓜分为数段啗之。群盗相视愕眙，嗟叹曰：『真宰相也。他日宰割天下当念吾曹。』竟以金帛相遗，竟受之而去。

潘鳞长氏曰：吾观群盗识张公于杯酒之间，而且以宰相期之，信非具英雄之眼者不能。至若衣冠而具穿窬之行，斯张公所谓龌龊儿也。

金孝章氏曰：近闻到处有衣冠子弟，俨然为大盗者，岂其人皆英雄乎？乡无美俗，家无善教，积渐使然。

又自宰相至于巡抚以下，曾无化导消弭之方，遂使弄刃白日杀人如草。噫！亦大可为寒心矣。有民社之寄者，何以策之？

王旦居政府，客有货玉带于旦者，旦使弟系之，问：『还见佳否？』弟曰：『安能自见？』旦曰：『玉，重器也，自负重而使观者称美，得无劳乎？』又有以古砚献孙之翰者，曰：『此石呵之则水流，其直三十千。』翰曰：『一日纵呵，担水所直三文耳，何用此为？』

潘鳞长氏曰：夫珍奇玩好，上以开贿赂之门，下以通献纳之路，其为官箴之毒多矣。二公独从人情腾沸中出一清冷语，使献者气沮，受者色愧。虽偶尔之谭，所以警贪污，而持世道，岂浅矣哉？

金孝章氏曰：如旦之言，世之所谓陋者也；如翰之





言，世之所谓俗者也。人惟不肯安于如此之陋，必欲避如此之俗，则往往明知其无益，而犹且为之。车上舞之辈，过朝市而倍修其容；贵游公子，物价索轻则憎为贱恶，弃而弗顾。人之信耳为目，大都可笑若此，奈之何哉？

寇准知天雄军，契丹使过大名，谓准曰：『相公重望，何故不在中书？』准曰：『主上以朝廷无事，北门锁钥，非准不可耳。』后贬雷州司户，丁谓遣中使赍敕，授以锦囊，贮剑揭于马前，示将戮状。既至，众皆惶惧，不知所为。准方与郡官宴，神色自如，使人谓之曰：『朝廷若赐准死，愿见敕书。』中使不得已，乃授敕。准拜于庭，升阶复饮，至暮而罢。

潘鳞长氏曰：读契丹使谓『相公重望，何故不在中书』语，可见士君子在朝廷，则朝廷重；在边郡，则边郡

[illegible]

金華章氏曰：[illegible]

[illegible]

重，其为华夷之攸关非小矣。读莱公对契丹使『锁钥非准不可』一语，不惟壮华国之威，而消逆虏之雄心，其所以起华夷之敬畏者，有自矣。迨贬雷州，值众当惶惧中使之日，公独神色自若，受敕复饮，公岂直无怨尤之心？即此一段，孤贞介立于逆顺之间者，更自表表耳。夫如是，而雷阳之竹，能不昂然复萌矣乎！

张咏知益州，因兵乱，官于蜀者，多不挈家，咏乃单骑之任。僚属惮其威严，莫敢置婢。咏恐人有不堪，乃置一婢以侍巾栉，僚属因稍置姬。时在蜀四年，召还，呼婢父母出赀嫁之，仍处女也。又咏一日视事退，有看厅子睡熟，闻咏退，不胜错愕。咏徐诘之：『汝家有甚事？』对曰：『母有病，兄为客未归。』讯之果然。咏翌日差场务一名给之，且曰：『吾后厅岂有鼾睡者耶？此必心极忧懑



使之然耳。』

潘鳞长氏曰：心事洁白者，其操持尝太严；行谊高卓者，其风裁多过厉，未必能协人情而谐物议也。我朝熊恭简公，抚云南因武功，例有金帛奖众官。公恐不近人情，乃同众受之。及次年还京，始召有司领前花缎贮之库中。此与张忠定嫁婢事同。夫二公之节操诚高矣，然耿介而出之以和平，皎洁而处之以浑厚，不失己亦不拂人，真春风朔雪并行而不悖者乎！至于忠定体恤厅子一节，又天地父母之怀也。

王旦生平未尝怒形于色。一日，家人欲试其量，故以尘投羹中，旦唯啖饭，问：『何为不食羹？』旦曰：『偶不喜羹。』一日，又墨其饭，旦视曰：『偶不喜饭，可具粥。』其不发人过类此。又寇准数短旦于帝，而旦专称准，帝谓旦

# 官箴荟要

九

黄山书社

康济谱卷三　器量

日月昭清，天无[illegible]。海纳[illegible]，故大度包容。德[illegible]

乎。乃[illegible]古今，其人必[illegible]。故次器量第三。

涵养本原曰：人处顺境，最易骄[illegible]，[illegible]果辟。曰：大喜怒所役，以致生民休戚，若无所关。其究在学力之未充，故器量多偏浅耳。然中又有天性爽直，皆[illegible]雅主之不见怒于火须争，[illegible]，必又非学力可能也者。[illegible]之，土地中有藏垢纳污之质，乃能海纳，澄弗清。譬若于一隅，若天之无不覆也，若地之无不载也。其赖其生成，而不知其德者，亘古真无量矣。

宋就令梁边县，与楚邻界。梁楚之边亭皆种瓜。梁人数灌其瓜，瓜美；楚人窳而稀灌其瓜，瓜恶。楚令因以梁瓜之美，怒其亭瓜之恶也。楚人于是夜往窃搔梁亭之瓜，皆有死焦者。梁人觉之，亦欲报搔楚亭之瓜，乃诉于宋就。就曰：「恶！用是构怨之道也。人恶亦恶，何褊之甚！若我教子，每夜为楚亭往灌其瓜，勿令知之。」梁人果若就言。及楚亭视瓜，则皆灌矣。瓜日美，楚亭怪而察之，知为梁亭人。楚令闻之，大悦，以告楚王。王惭，告吏曰：「此梁之阴让也。」乃谢以重币，请交梁王。故梁楚之欢，由宋就始也。

涵养本原曰：[illegible]之处世也，上则以德化人，度[illegible]革其毒[illegible]，器[illegible]。次则以量容人，[illegible]于山林，虎豹藏于薮泽，大是天地生成之德量。若必搜剔[illegible]入之[illegible]，以暴益暴，以[illegible]也。就不以一瓜之微，而启衅于边，致梁楚交好，流德[illegible]于天言，光亦可[illegible]者矣！[illegible]

不向用务，岂天真通以通邪？

具此心事，方可以治大臣。不然则用究治耳。故乃谓林

能。至以『庄大责重而究心者』，『心』意念深矣。凡事君者，必

金华章氏曰：『竟之日不敢辞』，非小心敬事者，不

入亦当所重矣。

矣。至曾文正公『耐烦』一语，夫岂独不事事之人哉？

不然。盖二十年来在仕宦，其于人情事故，自相率而无每

取。古今人之言，所谓有其实而不致乎是？又

乎之所不足者也。然未可以此治其事也，非以一人之不

潘祖荫曰：『尊、宜之平当不能独以一人。』即顾

责重，故心者理耳。』上嘉之。

一日上前致谢，上问：『卿有何学？』曰：『臣不敢辞。』而任大

事客深矣。幸非见论，何事为之？『惟是处其事。』何主大器。



即令辞去。心颇德之。午，法，吕尖谢罪。笑曰：『君有相来，』

过遇中甫留中，旋行，有夫牛者，乃竟牵牛过之，谢

乎之风不减。

虽小事，然犹世当存士大夫，不当如此也。『本先以见尊

之。』而后法，曰：『非曾属是？』来而多之。未安曰：『更

士钦亦然。大人之所谓属。士钦来曰：『是卿属是？』即与

大所者属。即此之。是人而每所先属，孰不为有取。况

是人之国之讀两，魏回三十是？又《亲史》：如有之大人

令。而不死治害殊，其一度身飘而也。将此洪以华史，何

此也，亦无非意。在此之去来，而不能以是非，是人之取

潘祖荫曰：余观其故之所以在也。若所客心，既用自

此，乃言其此。谢罪。故曰：『彼可恒，何庸谢？』

顾而谓曰：『皆非公也。幸毋以此相存。』他日罢留士

己公之精明耳。夫精明固又务之以浑厚，本之以德量，而后成矣。

金华章氏曰：藏精明于浑厚，则精明之用乃益深[illegible]；若嫌不公之心，亦可以无余憾耳。天下事非精明无以察，非浑厚无以全。欲成大业者，可不鉴往古而深思其故乎？

钱徽典贡举，西川节度使段文昌以书属所善士于徽。及榜出，不与，文昌言徽不公。徽坐贬。或谓徽当奏之，徽曰：「事苟无愧，得丧一致，奈何奏人私书耶？」

潘纂木氏曰：观钱徽之不发私书也，非平心见理者不能。可见今世有发人私书者，直是胸怀太明、宦情太热矣。特借钱徽一端，以为世法。

官箴荟要

郭子仪与李光弼俱为安思顺牙门将，不相能，虽同席，未尝交言。后子仪代思顺，光弼恐见诛，乃入请曰：「一死所甘心，但乞贷妻子。」子仪趋下，执其手曰：「今国乱主迁，非公不能定，仆岂敢怀私忿哉？」因涕泣勉以忠义，遂荐为节度使，分兵讨贼。于是光弼致名日盛，同居将相，无纤毫猜忌。既而子仪为鱼朝恩所毁，罢其军，而以光弼代之，士卒涕泣遮中使请留。子仪绐言曰：「我饯中使耳，未行也。」因跃马去。而光弼将士百姓苦其严，子仪处之无怨色。

潘纂木氏曰：天下事需善同心合人。[illegible]其一生精神只从国家起见，念不着一毫意于中，所以能建大功，享令誉，使上下不疑。古名将者，真可为劝惩安者足矣。

十两，今[illegible][illegible][illegible][illegible]。乃行，修完，公[illegible]家[illegible]年，见[illegible]治资妆，问所费几何，乃以十两对。[illegible][illegible]各同留查，实用过二十两。乃取钱六两，[illegible]三十两，[illegible][illegible]三千，二万，值四两有余，[illegible]谓曰：『吾[illegible][illegible]十两。今以三万钱[illegible]。』[illegible]爱之遗。其夫人语公曰：『[illegible]当十两，即当尽其数，而以贻[illegible]其势可耳。』公[illegible]并银四两，[illegible]愈不敢受。公面颁发来。曰：『是则使我不啻一贼人矣，必不许辞。』此语不及何安汝之赤贫，然其夫[illegible]安心[illegible][illegible]。此安汝系缚华奢，回一赞也。[illegible]年，由之未宦而先取俸户，此夫克减工价，[illegible]布败自吉者，岂以虚靡之乎！

殷仲堪[illegible][illegible]，食不兼味，粒米落席间，辄手拾啖之。每曰：『贫者，士之常，安可登枝而忘其本乎？』

潘[illegible]木天曰：[illegible][illegible]粒米，尚手自簸扬，皆此本心，是







记况剥民膏者乎？至『不可登枝忘本』一语，尤可为不知稼穑者戒。殷仲堪米如珠，安贫如素，民意可思。使法夫对此，未免笑其寒酸。

刘[illegible]令平阳，操行清介。孙[illegible]常过平阳，[illegible][illegible]指所事桑树曰：『人谓此是君手植，每想高风，令复见清德矣。』[illegible]公与王[illegible]道同行，日中未食，有相识小人献盘馔，家甚之人。每道回处，[illegible]曰：『小人熟不可与作缘。』

潘[illegible]木天曰：[illegible]以参透[illegible]，[illegible]以[illegible]爱真。[illegible][illegible][illegible]好不谨，一为小人所中，假以几日，则心腹[illegible]落在小人掌握中矣。要行便行，要止便止，不几为小人乎？真不可谓慧人也已。

金华章氏曰：君子小人，不两行之势也。君子之待小人也，常屈而后伸；而小人必求伸而后屈，卒以[illegible]

忽一迭，便已堕其坑中。盖千不正王霸言，亦正于子之行，见均责不啻，露所撤枉辞，过真末所谓『补漏』者也。

吾乡先辈末白民先生，令古清风，为世所表。常语余曰：『行藏须自主，一毫不可随人转。』至今感其言，佩其爱我之至。

顾持心清介，有志操。勿为廷尉正，冬服单薄，寺卿蔡于度设解编与之，重其清声，不敢受。口，谓人曰：『顾廷尉非衣食者。』意不敢违之。

海蟒木氏曰：我朝顾横泾先生，刚直，与世寡谐，与人交不立城府，今不合意，即拂然起去。见人勤敬取容者，辄掩面不欲观，以是阻格于时。然历宦，妻子从未入官舍，常俸外秋毫无取。归田甫四十，囊资萧然，无担石储。生平一小楼，颜曰『寡悔』，日焚香其中，客至，从容







已大张宴：决心踔暴疏，为具杯酒，酣中痛饮数巡。常曰：『贪墨清漏，与豪夺先路，有美华，恐非居显要者所忍之。』适居里中，人印沿其面，乃兄朱林公谄亦不悟往。雷通嵩宗伯殷公，以田事由，通品匪野回成曰：『顾由谕令，辞与语，由其谦言之。』回成反其意，先生书答。有莲为中丞，感富民犯罪，愿纳金。盖欲为先生寿撰墓。先生曰：『己以我贪，示公法耶？』语人，日益著，庙安任美文以自洁。其人多为先生置产者，先生以书辞之曰：『推主之累日造，而沿泛之吏清节存：桑榆之景渐侵，而盖恶之心未衰。』辞平二顾先生清介之操，使人不敢衣食，不敢与语。夫非美在之回，乘能於百姓苟谈。真诚宣、漠文之流矣。今横泾先生有林愿游，谈世采道，虽赤力贫，真无遗道风。人以为古吏高次拔以二。

平？』其清、廉中可度。

金某章氏曰：吾乡许文简公讳赞者，嘉靖中为太宰，治有回避力罗厘傅家最深。其深公讳文者，至为某令，赵治，向，顾济次常意之，不为吉意。公适而治之曰：『先必雅古道者。』既拓任，凡牛为口主故。直辈古风苦先，回数由。宽向，王画政、苗得其实，不受其淬，乃不渥甚？吾余不诸从沾之能守巳，且然彭之能率下也。

蒹昭明为木心想杏。可、惠央王临曰：『宪治塘请贪，必无所贪。治中人须有一命之光者，岂不受之。』昭明曰：『下官参当甚在，不能光益上存，况又濡誉之事，岂累清风？』按：昭明所在清贫。光帝中，思帝以其在事无益奏，令在，责之。昭明曰：『明不敢竞拔夫镶奖耳。』诛曰：『人生何事聚蓄，一身之外，亦复何须？』守终不



木、我聚敛哉？』按：诸能自立，则不容一劝。『安没身不事产业。

潘杓灿曰：此市有存事明竟之人，更非其所谙为，亦必身正而力持之，亮昭明所谓『竞拔夫镶』者也。霁猿其名先，则当深其事，而不必有事事之名。人各有意，固不可执一论也。昭明在治名先，言好得又廉格求之？

禀恩中晋议，其命俭安用。海滨有一石，常题镌云一回，相布清太守乃得见。原往，则天晶日景，粲然在目。一夕播彩回治愿，愿不在，见理临全然，有书四辐，又曰：『属由之清，一至千元。』今人由若毒来百出。

潘杓灿曰：宣之清，至今辨者仅能以若毒来，高风鹳召不自觉，其惑入之深矣。又何若海滨平白涂，渔清太

守乃得見，然則石亦喜清而遠治者，金石可守，其而真有此至理，非言思所及也。

裴俠守河北，詔屬合表，所會審按奏盡來。悉偕群牧見周文帝，帝命俠別立，謂諸牧守曰：『裴俠清慎，為天下最。今眾中有如俠者，可與之俱立。』眾皆默然。號『獨立使君』。

唐瑾平江陵，諸將大獲寶，瑾一無所取，惟以安撫百姓為務，[illegible]以言。或白文帝曰：『瑾大有輜重，悉梁朝珍玩。』文帝密遣使檢閱，[illegible]典籍，又曰：『孤知瑾清介，絕不以私干義。而若不令遍覽，恐衆人有投杼之疑，故所以益顯之耳。』

金華章氏曰：當平政事取之時，統帥以安民為務者，一二人而已。即所載兩車，亦有未要者，非徒資其玩遠而已，卒乃見知明主，深于休政之通治矣。

治元滋令效仪，單騎赴任。所乘之馬，不止四匹，人通之，畬己。美之者云：『此古獨格也，可謂己高矣。』

潘纁木天曰：清官意境人情，能令吏亦清勉，斯為清官已，但本能以不污，何殊改朱節異？若必激句服則骨既不高，亦非治元滋之止矣。

抗若明有吏能，歷陳康山頭令，政為天下最。陳翻任山陽，問其所由。曰：『願以舊政告新令耳。』答曰：『我有治本，君家謫所不然。若令當日食一牛，設而不容酒，故此治，眼目，自當第一要也。』翻又服。

潘纁木天曰：天下事若欲實心為之，每事必有極高矣，故質朴不須文飾矣。今人專文太甚，只緣浮辭落實，少耳。若文明所發，見之，奮二家治論之鑑言乎？論說視此而治平乎？无各，则其效可知矣。

近溪谓牛说曰：『为民父母，百事宜治，甚安不苟治事，治事不若清心。百事不治，而望太容以治，岂可得乎哉？』

酉则丞之嬴丘鹄，至廉。令、丞多贪，因贪令兼，令、丞兼路治乎，则俭回身。令、丞回废，则曰：『本富吏牛，数尙亦治乎？闻一个吏治乎，百华何容治耶？』

潘繁水开曰：「语真通邃，慕其讲乃教恩喜，于道没矣。而道其于海泣者去也。由同同者不能同心，真耻于事。至乃告之改言以感人，存心哉！

辛木今出谕，清俭廉察没，禁十退而未常少靡。语年宜嫂可，安人多患失。庭数文吏，原吏弥学。及仄海曹，凡诸济洛一嘉天泥，虽安典籍书画而已。有犀主匣中及所



部都守俱治大辟，曲狂以奴嫁百巾及跖秦殊，木三年，不见许，米乃殊治所可，不真可。张指画之，论书曰：「锺离意云：『孔子忍渴于盗泉』，便以珠玑委地，尺下今能若此，可谓廉吏者一耳。』

潘繁水开曰：「齐直大走以石，大违人恩，苟治者数。四，已有俭失。罪辛木至尚贞明，取士以才器，循名责实。谢旧参半，有人前石衙衡，在未最为并吏，民出其所其格。宙。至于清介，又其天性，此余所以不从三辞，敢恩以见本，以高，而强表其廉金之大者而已。

政矩治今罢昭，老清人朝。父老拜泣送曰：「公请若木，不敢以嘉蔬植圃，携持杯本之饮。」乃命吏收之。后治原主河已，夜行，出百石过人田中，暴人禾。驻铝己，待明治宿木主，酾置而去。原吏人至八，莫不改操。

白居易守杭州，有筑堤浚井溉田之功。在任，取天竺石携归，因赋诗曰：『三年为刺史，饮冰复食蘖。唯向天竺山，取得一片石。』后守吴门，复取洞庭双石，一以支琴，一以贮酒。又赋诗曰：『万古遗水滨，一朝入吾手。』清操若此，可谓介若石，清若水矣。

潘梁木氏曰：读乐天诗，颇多馈遗得失，皆以直道奋。在天子前争安危，中敢放言，及还朝为从官，小不合，即合去。当宗闵时，权势震赫，终不复为进计，分司东雒，优游终老。盖唐世士大夫之克自高者，不过以清操为吴越寂中而已。按：乐天从仕历官，任官俸禄多寡之数，参载于诗。其廉无余资，亦可概见矣。为左拾遗，曰：『月惭谏纸二千张，岁愧俸钱三十万。』为苏州刺史，曰：『十万户州尤觉贵，二千石禄敢言贫。』为太子少傅，曰：『月



俸百千官二品，朝廷雇我作闲人。』为河南尹，曰：『厚俸如何用，闲居不可忘。』其致仕，曰：『全家遁世全无闷，半俸资身亦有余。』其将下世，有《达哉行》曰：『先卖南坊十亩园，次卖东郭五顷田。然后兼卖所居宅，仿佛获缗二三千。但恐此钱用不尽，即先朝露归夜泉。』试看能说遍，说敢言贫，说俸何用，说亦有余，说用不尽，非若真引分知足念矣。作官作诗者诸不可无此观法。

金华章氏曰：若先作吏，其可不厌多诗；若先诗，斯可称曰非俗吏。彼不能其宦，而谐诗藏拙，已然藏其污，而并以诗以文其拙者，是自号于人曰『我能诗，我非俗吏』！其乖谬尚[illegible]？

黄宗宣祖初令丽，清约不失寒素，日给膳食，但市肉四两奉母，余入公库。用五兴遗藏，郡守黄裳命十二县各

[illegible]

而已。及还上，问：「向其善否？」彬曰：「[illegible]安之乎，非臣所问也。」开宝中，在江南，城垂克，彬忽称疾，诸将来问，彬曰：「病须诸公自誓：『克城之日，不妄杀一人』，则自愈矣。」诸将许诺。李煜君臣卒赖保全。其谦谨若此。

潘纂木曰：「言[illegible]行者厚，[illegible]在未能加，亦未尝言人过失，真有不怒之风焉。至其忠厚古往，实高无况，且不妄杀一人，而又能委曲周详，全其男女之节，其累世王显，不亦宜乎！子更善其[illegible]遗训，今自备[illegible]显。及公言[illegible]来，而[illegible]曰：「无患。彼将去，已复以[illegible]以见吾非贤。」[illegible]以量，史以为宋之良将第一，其无滥其良将矣！

[illegible]

曰：「吾向以第，[illegible]诗云：『前来失[illegible]下血溅，君[illegible]』」

[illegible]明甲未得迁。彬叱巢由莫相类，既心不是好欺罪。」今日之言也？」

潘纂木天曰：「士中之[illegible]者，其[illegible]必[illegible]：受用凉薄者，其行谊必高。[illegible]有瀚。有同年者之，见公配自余家，面面回，其请若吏。安德正道，卓第一甲，真所谓『其心不是欺罪』者也。彼劝之不得，而服从其余殊薄：行道无间，而效小服火况，是金王其外而服强其中也，岂可令巢由见哉？！宋非[illegible]真其勇[illegible]耳！至贵若刘公之配，尚能亲操井臼，以成夫志，其诚感人者子矣！

金华章氏曰：「[illegible]之士，虽交其[illegible]自存，不足以为心也。亦必露其形迹，[illegible]」

市其德心。心而不亦远者，向往非『血气』耶，未可便谓『夫
器』也。』威姑见『其夫贤耳。

贾黄中幼聪悟，方五岁，父玭每旦令正立，展书卷比
之，谓之等身书，课其诵读。六岁举童子科，七岁能属文，
触类成就。父尝令蔬食，曰：『俟业成，乃得食肉。』十五举
进士，历知升州。时金陵初平，黄中为政简易，部内甚治。
一日案行府署中，见一室扃锁甚固，命发视之，得金宝数
十柜，计直数百万，乃李氏宫阁中遗弃者。即表上之，上
览表谓使臣曰：『非黄中廉洁，则亡国之宝将污有司害
人矣。』赐钱三十万。及拜参知政事，太宗召见其母王氏，
命坐，谓曰：『教子如是，真『孟母』矣。』作诗赐之，颁赐甚
厚。黄中卒，上悯然，其母入谢，上曰：『勿以诸孙为念，朕
当不忘也。』



金牟章氏曰：子弟之业未成，不令食肉，昔人教子弟
衣不帛者，即是此意。欲令夙以俭朴，中适者正耳。今人
教子弟者，由小便之取富贵，谋温饱，子弟亦只以此
为原来者，顾已智者求西名乎？若贾黄中之身前而并
受主眷，不可谓非父母之治也。

刘福为凉州观察，为政简易。诸子尝劝起大第，福怒
曰：『我受禄厚，凡饿合以庶，汝曹既无尺寸功以报朝
廷，岂可营居室，为自安计乎？』卒不许。殁后，上闻其
言，赐其子白金五千两，使市第宅。

海盐朱氏曰：近世士大夫营第宅者，务求宽敞惬
意，虽湫入之，亦人之居，直而己迫，颓已成，败
乃一再出而复入是保否去之者，刘福所称不可太大息
者哉！然则曾氏三戒，终无幂乎？器小之目，更为力在朝

其益当然所自来矣。非学道谦让、七情调适者，恐不能品

亦不去乎。

梁人木石居披，清廉爱民。及去任，《韩诗外传》云：

「一言来虎四字者，不遇于天不遇民。惟道有见，应矣夫安。

吉[illegible]安迎吉兆。」

海藏木氏曰：按朝刘宽以仁德顾召公，召既深，

宴乎。即行，王安金珠犀象珍玩甚多，如悉不顾。宽令部

邵尹于路，如示《以诗》《知人关天》云：『凡人天威嗟叹者，十

心端不遇者否。宜戒若有关夫世道者，一任关乎降凶矣。』读

虑二诗。可见古今人为仁者，奉干奉公治民之道，而深文

以意。先贵立志信民耳，庸不离千古，千古乃不离于一事。不

帝干民。不染，何以拜干谒人之风而为悠然在心。

李及知杭州，恶其风俗轻靡，不事宴游。一日，冒雪



出郊，众谓当置酒召客，及乃独诣林逋，清谈至暮而归。

居官数年未尝市一物，惟市《乐天集》一部。

海藏木氏曰：余按：蔡君谟书《小吴笺》云：「昔

李及知杭州，市白集一部，乃为没身之恨。君子清节，可

为世法。今之士人不然，夫白集何不可市也？当世李及之党

遍天下，而求天下不拮其间，其回匠者，及其以己人德

可苞也。康容宽靡，其乃以为诗人之心，乃不若求天以治

致，故行乃教，江满西夏以救流弊，且强弟宗多出高人，亦

颇来矣，是岂可与诗人而乎哉？然知及之政，非只白集

为政也。盖其不能瞑然一无所市，为没身之遗耳！

金溪章氏曰：昔思念请先生大魁天下，来知底资，

先生在京及未任时，曰：『先自谢米、旗黄，何二年廉

珉藏书中也许有。又据文靖公居家留存，上面记着：嘉

以巧器。酒三行，就衣而罢。前辈高情素节，往往若此。盖盖治贵则寡请，寡请则简政，其志行嘱然，民以维风俗耳。若外番古今，又岂在人一格。庸意周遍深者，福泽由及之，非措子立节之常也。

杜衍知开封，每食止一荤一面而已。或美其俭，衍曰：『衍本一措大耳，名位爵禄，国家所有。俸入之余，以给亲族之贫。常恐食浮，敢自奉邪？一旦国家夺其所有，岂亦一措大，又奈何以自奉乎？』

海盐朱氏曰：正献公谓『爵禄名位国家所有』，尤真格言也。夫心有至味，馨然本之；人有真品，醇然格之。公雅于簇佐厨中，不亦措大本来，就所谓淡泊青蔬，堆得而嫠之矣？又按朝吴太宰岳守向东，里中丞南明王公吴中丞洪，二公同年友也。一日，以公务会于镇江，吴折







简邀王，为金山游，载酒一壶，米数合，肉斤许，蔬一束，于舟中。再沿入，邀王公同舟而往。王熟视其具，笑曰：『凡平折简招，特为主宾设也。其具止是耶？』吴曰：『足吾两人用可矣，多具何为？』比至，命庖丁取所载治具，福以治心，合日尽欢，竟日而还。前辈风流若此，信温公所道『者薄而清厚』，杜公所为，『不亦措大面貌』者哉？其所谓养布谊，何可厚言也？从来守东洋者，每日出视事，一茶一盏，悉取给库吏，更无旧宗也。其主客供具，亦自有给语。今案黯庵先生莅苏，则治无所染。或竟趋上官，守恐蔡参曰，不用南上本本。政敬深公，其统行古之道者也！所未俗而息病民，公直正矣，王二公器尺矣！因治先一语，以为天下法。

吏并宽弛。宽以素猛治，抚御之方而不苛，以吏猛济

而斗殴：兄弟来告，弟陷兄讼。若是者往往而有，彼何服
以『负君民』动念乎？彼将返本，斯事亦足千古也。
往待准各殊法，治疲曲尽不讳。凡有争讼，平心便
颜，面宜曲直，不假手属吏。百姓须曰：『有司当堂审谳合
静。吏人畏威，感服人图。』
潘鉴水天曰：诿公于属吏，则曲者便有理直，直亦
有理而曲矣。安所得民不讼乎？夫苟能治事，则大事化
小事，小事化无事矣，官舍安得不静，吏人安得不困
乎？
邵汝右高曰：谦厉风采，凡最集繁杂一切盗讼，非
曰：『数今来，则人情每。务安顺，则不能行事。』思量名
言。
金华章天曰：数今来，务安颂，未容所违，设口必有也。



人不得而欺之，则不得而先且欺矣。故令公之曰所，亦编言
甚！
议诸法论治，廉公自持，所奉职事。常曰：『吾敢以
赤子累由自罚乎？』遍非殊罪，无论争言，所谓人安父
母，威德兼之。
潘鉴水天曰：吾向未，若不敢以未十丰由自罚，吾
爱水治示苏。人无欲自滋入念其，即凡风入书曲面
奉之，家法不苟之不苟。史称公非可政事，直其理
役。在心若先，官临人父母之，威伤事之，又未不忘矣。
早题治南海主簿，复时。余亦法盐诸十余人，百
其若干题，题曰：『清美、慎洁、勤肃，三者本以为
右也。』而平常正，无由已论，愿至未一年，余继数十石。其
故讲羡，题曰：『名美今，非单纯直能爱，果若人之能由右也，

以初易賞，心實難之。『循吏林安宅、王伯舉洽顯于當人能正己，物論無違，上官人皆曰：『賢之清德自是愈光矣。』

潘彝木氏曰：以美余易賞，顯且聖方，彼滋民之生以奉上者，海何心哉？我輩于謙藉其家，庸有所屬盜甲適者，洛陂方之治亦也：秦法籍其家，止黃金一斤，莫宗方之治也。是清之益于主上也。魏藏見王旅，庸吉一方，莫不之技：宋秦遺劉庸，止于十萬一瑞，是品御之而不數。是清之民以慶當人也。可見明主在上，臣皆自勵，是值改籍亦未當也。至于路小而吉名值者，斯又以鬻，宋西公為法，斯無遺耳。

上官為無殿，及滿，有如數十年法之境外，須活數器。行里乎安之，居白金也，道老要訴之。要輩諸近，威決百里外。能生平不治，所居僅庇風雨而已。

潘彝木氏曰：我朝永樂間有人納銀千兩，以賄刑部主事劉宇者。宇妻安氏面奏之，詔褒宇平日廉信于妻，妻能佐夫以義，特賜白金一百兩、綵幣八表裏。嗟嗟，若安氏能表安瓜金，其智義高于須眉丈夫多矣！又若涪泉公為文選時，里中士宦有以甕金首為遺者，公實以為諸受之。入夫人手，安智之，乃告訴語公。公略不動色，擲還若刻，出召其人，謂曰：『吾豈以家居之故，姑拜若惠。須人內過，尚有餘存，心謝尊意而已。』之。嗟乎！今世亦有卻金者，然未免借以沽名，令人難受。孰有如公之鎮靜淡厚，置其跡于不覺，而善全其人者乎？西公之清，既足媲美上官銅尉，至又有令配相成其資，亦可謂有生之良遇矣。

若宋郑侠监安上门，上书历言新法敝民，不报。会久旱，民饥殍，乃以本门所见三路流离之民，质妻鬻儿，羸瘠愁苦，至身无完衣，或负瓦揭木，卖以偿官者。悉画一图，状以疏以进。此事者罪之，治条而后，后囊只一笔，因自号『一笔居士』。

海纂水天曰：一笔尝语人曰：『无功于国，无德于民，将余衣美食，与盗何异？』噫！甚偏有衣冠而盗者，岂能默无语，乃之一笔所画可也。一笔少隐书京之清凉山，因画千岩，平台山塔其门曰：『谏草数千言，自信乎书能画主：正法画一笔，可夺琴瑟亦访人。』石有赞者，不能出其右也。

这容谷税语，嘉谋出。元世祖命权中书省事，以忠直称。奉使江南，悉其新法之民，或劝容大受馈遗，归赂



权贵，可立致荣宠。容曰：『剥民膏以自肥，吾心何忍？』使还，广搜书籍数车献之。

金华章氏曰：不忍剥民，是不忍负君；不忍负君，正不忍自负。古人行一不义，杀一不辜，而得天下，有所不为之心，何心哉？痛民不忍而已矣。彼以权贵人分爵其民，以为得计，民之受也。况及千国，而自底之者，乃曾弗若商贾，虽未尝入思乎。

康济谱卷五　勤　慎

啬。其本失之江湎，令尊之。治参所以焚奖豪事者，乃命取其酒器、蒲博之具，悉投之于江。

潘舜水氏曰：大抵人之志气，能强则明，好愉则惰则昏。人之精力，常练习则强，多安逸则弱。《易》曰：『天行健，君子以自强不息。』况之治靡，盖亦自强不息之义焉。当晋人士，崇尚清谈，遂卑世事，以勤于吏事者为俗。沉沦不安于暇逸，若此可谓卓尔不群者矣。

敖思王睿待客仪，以吏事，年十七刺史，治剑州县疏木枝。里正萧福，蕃族中刺盖器，来与刺人同者为吉。木吏议以求，审及曰：『三年部寮温水，吾何以强进实求。』遂至清浊竟不一者，其人感也。

金华章氏曰：古来举大事，动大众，未有不出于同苦节、涵甘分心，而能得其效用者。至若吏贪相，大率良吏。





往往而然，匪独冀况眼也。举心为彼，推恩，可以保众，谦明所谓『彼亦人子耳』。今富贵人草芥其下，虽有疾苦，若因闻知，曰：『予不敢，礼则然矣。』无乃异于政治之所为用心乎！

傅翱令吴，发奸摘伏，惠化若神。尝言：『为政要勤而清。清则吏不能欺，勤则事无不理。』人以为治名言。

金华章氏曰：勤与清二字，合则双美，离则两伤。固有勤而不清，亦有清而不勤者矣。勤而不清，则其勤者特自为耳；清而不勤，则未免以尸位为高而常至于废事，吏亦不得以因之为奸。美德者不全，择害莫若轻，则与其勤而不清也，无宁清而不勤也。夫勤于为己者，固亦于不勤之甚者也。

朱雁令吴，廉静寡欲，勤政爱人，尝曰：『吏也贪，吾潘彝木兄曰：随方及惹，習焉若忘，是非且遇先生之言若回。至于今至尊相，不可失寒素体，是非迹不忘其旨，皆所谓善于藏盗者。唐太宰海石公致政家居，年逾七旬，出入里中，未尝乘轿。吴文定、朱恭靖，俱以清修，位至崇显，其居里第，亦多徒行，鱼鱼雅雅，若一寒士。古所谓鞠躬者非乎？可以敦浇薄矣。

金恭章氏曰：分之所在，一毫攀不上，苟明于此，非兼上文不治，若亦进退惟谷，而己不求于人，所以无人不自得者也。

語，有未治者。』光曰：『光帝来人之不治亦。』

　潘纂水天曰：夫顯位尊顯，恆各赫奕者，往往稿居而招人之妒，正以治之者分耳。士曲于須用福者明，皆先之潘謙，皆經之霧纂，殃、治殁者，然先温公之所以正不致人治也。至于人之佳否，原不治治不治，恒不可过右表謙耳。念之，事出于无意者尤甚。譏乎！許庸一命之榮者，莫不前乎而補以自尊貴。昭无风日之甲，貌果盡人室，以为体面宜然，青自持臨障日者乎？游庸苛守保馭属先生，每出，與卒不过十数人，其或从官上宣，自称令夫而外，閒无人矣。问有甲两零星四集，公亦不以为意，人亦莫治其为守也。略温公之遗法，先生斯无且矣。故曰：『先憩保之道耳。』于何法之？余曰：『不然。思保一身乃一郡风俗政治所关夫，岂不干虑而身先表率，是

# 官箴荟要





向某于士一役而作，家人亦成市，满面笑容入作千矣。故救流风须先究植根始，而因有所观感也。设令天下尽如公之所行，淳古之风可立见矣。』

　吴大忠拜宝文阁直学士。以清以进士举首，入幕府自称朱元。大忠曰：『朱元石者，反兼未除向之称也。既为判官，则不可因。』勉以修身治己之学，而政治因之興。適乃以治德厚誉。又韩持国知颍州，从容以朱元判事，每称朱元。持国历尚曰：『朱元未宜郎？』自而后出令岂。』以衡衔之。

　潘纂木天曰：合二事观之，两斗出过乎凡，宜若平，不宜爱而喜之。若平则理明而所者安心，激而乃所者逆耳。夫二事一体也，一以平心待人而人亦平之，一以居高亢人而人衔之。可见盈乃雍以服人，各东可以率悉。安

重，其次者，以为有得于佛道，非小矣。决寒公针对其事，以其可谓……

不可以入法来亮。又强准数百曰千帝，百曰由法继海，帝道曰

其羹。」一曰，又墨其袍，曰：「何斋？」可真漏。曰：「不喜，鹿

全者羹中，曰：「斋熟，何斋？」曰：「食不羹，何？」曰：「食不

王曰：「仕平未尝形于色。」一曰，家人欲试其量，我以

天地父母之所在也。

春风朝雪并行而不悖者乎！至于一中之治，求体面行千一者，又

而出入之以相平，更治而全之以库。厚，不失己之本不毁人，真

中。无能宗事戍藩辨事同。夫一公之中，操诚高矣，然取令

情，乃同众人之同欲。及余大年，历京，盛之有何所前告毁可之库

恭简公，张三尹南因其功，一宿有金马奖分宜。公独不许人

卓者，其风裁多在后，未必能使人肃而谨敬之也。钱能

淹繁木天曰：心事治自省，其操持去太严，行道高

寅之祭耳。」

曰：『卿称准美，准谈卿恶。』旦曰：『臣在相位久，缺失必多。准忠直无隐，此臣所以重准也。』帝益贤旦。中书有事送密院，违诏格，准以上闻，旦被责。不逾月，密院有事送中书，亦违诏格。吏欣然呈旦，旦送还之。准大惭谢。及罢，准托人语旦求为使相，旦惊曰：『将相岂可求耶？吾不受私请也。』准恨之。已而除准节度使同平章事，准入谢曰：『非陛下知臣，安能至此？』帝具道旦所以荐意，准，愧叹谓不可及。

潘鳞长氏曰：今人不肯真切做好人，只为拼世界不下。惟狂狷拼得世界下，一切赞毁称讥都不管。故孔子取其真乡，愿拼世界，不下一味陪奉。故孟子恶其似。王文正之不行报复类狂狷，寇莱公虽无陪奉之意，然未免拼一官不下，此其所以不逮文正，而自愧叹其不可及也。观此，即做乡愿亦不易得也。嗟乎！量至于使短己之人能引咎自责，此非心乎王室，而急于荐贤者不能矣！

李沆秉钧日，有狂生叩马献书，历诋其短。沆逊谢曰：『俟归详览。』狂生随马后，讪曰：『居大位，不能康济天下，又不能引退。』沆于马上踧踖再三，曰：『屡求退，奈上未允耳。』

王旦在中书。祥符末，大旱。一日，自中书还第，有狂生在一亭上，指旦大呼曰：『百姓困旱，焦劳极矣。相公端受重禄，心得安邪？』遂以所持径掷旦，中其首。左右擒之，将送京尹，旦遽曰：『言中吾过，彼何罪哉？』

潘鳞长氏曰：我朝杨公廷和入阁久无建，白人易之武皇南巡，幸臣窃柄，天下汹汹。有狂生上书数其过，公延生礼，曰：『久当不负良意。』已而武皇崩于豹房，禁从

兵悉属江彬，安危俄顷。公密计擒之，人始服公之才量。语云山势崇峻，则草木不茂；水势湍急，则鱼鳖不留。观此则非狂生不足以见三公之量。虽其所指斥未知何如，然亦正不可少也。要必如三公者，后效果足以自明，即被讪诋无愧。苟非其人，亦不得藉口能容，徒为顽钝无耻之流耳。

金孝章氏曰：秉钧之臣，与诸百执事异。一转移，国所视，以为安危；一举止，人所凭，以为得失，非厚重沉密之器，审机识变，不足胜其任也。夫千顷之波，孰与测其浅深；万石之舟，何易论其轻重。彼激之辄起者，其功名可知，功名亦视乎局量耳。

周敦颐判合州，部使者赵抃惑于谮口，临之甚威，敦颐处之澹然。后判虔州，抃亦守虔，熟视其所为，乃执颐



手曰：『今而后，吾始知周茂叔矣。』

潘鳞长氏曰：昔人《小妓行》云：『春风永巷闭娉婷，长使青楼误得名。不惜卷帘通一顾，怕君着眼未分明。』盖女为悦己者容，士为知己者死固矣。然知己未深，而强与之合，犹着眼未明，而轻与之通，鲜不以钻穴逾墙者鄙之。观茂叔之不轻合于赵清献，必待清献熟视其所为，乃称其知，则是君子之重始进而戒轻合也有以哉。

杜衍知兖州，尝语门生曰：『今在上者，多摘发下位小节不恕。衍于州县官，有累重而素贫者，以公租所得均给之，或谅给以公帑，咸使自足。如此复侵扰，真贪吏于义可责矣。』又曰：『衍历诸州提举安抚，未尝坏一官，其间不职者，委以事使之不暇惰；不慎者，谕以祸福，俾之自新，而迁善者众，亦不尽以法绳也。』盖衍为政，不以威

刑督吏，故吏民惮其清整，多感化焉。

潘鳞长氏曰：圣神位育，功化只在喜怒哀乐平常自在中，无为而成，不须造作，所以谓之中庸。今之操百僚位育之权者，每不念小官之苦，才有寸过，便遭斥逐，又好摘其疵发之，不几与圣神功化之意相悖矣乎？若杜公责之于既足之后，又委惰者以事，使之自然不暇，此正得位育之妙，宜迁善从化之多也。特揭此为倚气势而妄作威福、不近人情者戒。

金孝章氏曰：事之能服众者，必本于得人之情。杜公体下如此，善成就人如此，人自为之竞劝，何烦威督为哉？诗曰：『匪怒伊教。』又曰：『克广德心。』维杜公有焉。

葛源知剑州，一属吏与源有旧隙，同列因谮之。源





曰：『吾惟任吾职以爱民而已。』不听。卒为首荐，人服其量。

潘鳞长氏曰：观葛公不听同列之谮，可见为生民立心之人，决不作念于小隙而废公论；为国家惜才之人，亦决不缘人之逸而快私忿。拈此与遍衷者观之，亦可以自广矣。

赵抃判泗州，泗守昏不事事，监司欲罢之。抃独左右其政，卒考最。抃素为蜀人爱信，后以大学士出知成都，众意抃必辞。及见上，上曰：『近岁无自政府出守者，卿能为朕行乎？』抃曰：『陛下有言，即法也，岂顾例哉？』上大喜。抃乞以便宜行事。既至，悉为经略，兵民晏然。一日视事，有卒长在堂下，抃谕曰：『吾与汝年相若也，吾以一身入蜀，为天子抚一方。汝亦宜清慎畏戢以帅众，戍

还，将余赀以为室家计可也。』于是人咸知抃有善意，转相告语，莫敢复为非法者。

潘鳞长氏曰：吾观清献公，大都一精明浑厚长者。当其判泗州也，则多方委全其一昏不事事之守。既出知成都也，而又能以片言抚谕乎卒帅。此真天地之德量，岂矫情厚貌者能乎哉？

程颢为鄠主簿。初至，有监酒税者以贿播闻，然怙力文身，自号能杀人。众惮之，虽监司州将未敢发。颢至，将与之同事。其人心不自安，辄扬言曰：『外人议某自盗官钱，新主簿将发，某势穷必杀人。』言未讫，颢笑曰：『人之为言一至如此。足下食君之禄，讵肯为盗？万一有之，将救死不暇，安能杀人？』其人默不敢言。后亦私偿其所盗，卒以善去。



潘鳞长氏曰：语云：『兽穷则噬，人穷则诈。』此古人之所慎也。当机者须于此放宽一路，庶不致乱。矧其人盗钱之声，已逆知其不可掩也，使此时稍为发觉，势亦必至杀人耳。可见君子处小人势穷之时，只要容，故小人莫能窥其际。而卒之亦偿所盗以善去，亦足征有道者之斡旋，自异于寻常。

金孝章氏曰：观程先生所对同事之言，虽春风和气中仍不乏秋严霜断意，此一言而备四时者也。宽而存之，使其恶不能发而自化。甚矣，有道君子之有济于人也！

范仲淹司理广德，抱具狱，与守辩折。守盛怒临之，仲淹不为屈，坦如也。贫止一马，鬻之，徒步而归，人骇服。

潘鳞长氏曰：吾闻躄者之命在杖，失杖则颠；渡者之命在舟，失舟则溺。士君子自无所守，而徒挟外物以为重，一失所挟，必有颠溺之患，文正公当世情颠溺之时，能坦然不以为屈，且鬻马徒步而归，夫非所守者定而所挟者重乎？人亦可瞿然思矣。

王曾判大名，前政有不便者，曾委曲弥缝，悉掩其非。及移守雒，陈尧咨复代，睹之叹曰：『王公之量，宜为宰相，我何以及之？』

潘鳞长氏曰：按：陈与王略有嫌隙，意王必反其所为之政，而发其隐。后复代大名，睹王弥缝之甚，故叹其有宰相量也。往任中正代知成都，问张乖崖为政之法，乖崖谓曰：如已见解高于法，则舍法而用己，勿狥己见。』任守其言，卒以治称。观此，则世之变更前绩，而不能为人补捄者，真一无才之鄙夫矣。又曰：人之事功，常基于志气，而志气常见于文章。范文正公《金在镕》赋云：『如



令区别妍媸，愿为轩鉴，若使削平僭乱，请就干将。则将相之器业也。』王沂公《有物浑成》赋云：『不缩不盈，赋象宁穷于广狭；匪雕匪琢，流形岂滞于盈虚。』则宰相之钧陶也。夫二公事业伟然，而二赋信手拈来，已可谓阿堵传神矣。信乎，古人先资之言不虚寄也！

韩琦与范仲淹议西事不合，仲淹径拂衣去。琦自后把其手云：『希文，事便不容商量耶？』仲淹意即解。又琦在魏府，僚属路拯就案呈有司事，而状尾忘书名。琦即以袖覆之，仰首与语，稍稍潜卷，语定从容以授之。拯退而见且愧，叹曰『韩公，真天下盛德也！』

潘鳞长氏曰：我朝奉公庆，以直谏著声。一日行部，有知县簠簋不饬，惧无以解，乃以白金为烛。公初未之知也，既而厅子以告。次日，从容谓知县曰：『汝烛不燃，尽

出之，以易可燃者。』知县大恐，辄弃印绶去，然终亦不明其为银烛事。此种德量，与韩魏公不发僚属之踈，从容潜授，同一包荒也。

韩琦帅定武。夜作书，偶持烛卒误燃琦须，琦以袖掩之，作书如故。少顷，视其人，已易矣。恐主吏鞭卒，急呼曰：『勿易，渠今解持烛矣。』后判大名，俄一吏触碎玉盏，坐客愕然，吏惶恐伏罪。琦笑谓客曰：『凡物自有成毁，数也，于吏何罪？』坐客叹服。

潘鳞长氏曰：我朝夏公元吉，一日有吏坏公所宝石砚，匿不敢见。公召吏谕曰：『物皆有坏，吾亦何尝惜此也？』慰遣之。二公器量如此，可谓之大臣也已。史称魏公重厚如勃，可属大事，余以为封侯虽有安刘反正之功，而木强少文，阔于大体。公以清德宿望，表仪缙绅，定策







两朝。功在社稷。所谓垂绅正笏、不动声色而措天下于泰山之安者，虽古伊、周何加焉？宋人乃曰：『公之相业，无愧古人，独有文章一事不及耳。』余读公《安阳集》，皆敦厚典雅，蔼然仁义之言也，孰谓其不及乎？不然，文章小技，公殆薄而不为耳。

金孝章氏曰：合观韩、夏诸公，不独恃其大度能容人过，且不欲使人有以过不自安之心，惟其能无我之至耳。所以能集大事，定大计，勋猷赫然，誉流天壤，岂偶也哉！余辈平日崇慕古人，到此等处，未能企其万一，念之真欲愧死。

胡宿知湖州。前守滕宗谅大兴学校，费钱数十万。宗谅去后，僚吏皆疑以为欺，不肯书历。宿曰：『君辈佐滕侯久矣，苟有过，盍早正乃阴拱以观？今侯其去后而非

之，岂昔人分谤之意乎？』置不问。僚吏皆惭服。

潘鳞长氏曰：只『阴拱以观』四字，曲尽小人面誉背毁之态。处世君子，不于此而警醒，能免去后之非乎？早当料理此一项，人无使有不见白之心迹可耳。

金孝章氏曰：新故相代，美恶本易以形。而要誉者乘之，又多振暴前短，曾无护惜之意。宦情之薄，仕途之险，非一日矣。而王公能委曲弥缝，胡公能正词服众，岂非青天白日之心乎？吾观古来身为君子者，未尝自损分毫，何世人之谦让不遑也？此则吾之所大惑也。

赵公辅知新城，政尚宽和，不用鞭朴，推诚劳来，民乐从令。小吏有过亦未尝谴责，或误犯禁者，但令改而已。民有罪必诲谕再三，然后罚之。在邑数年，无赫赫名，百姓亲爱，如慈父母。代去，攀车卧留，不忍舍。



潘鳞长氏曰：作官者不可不爱名，而不可爱名。真父母之名，不可不爱也；不爱，必将有草菅其民者矣。能吏之名，则不可爱也；爱之，必将有赫赫于名而泛泛于民者矣。夫所谓慈父母之名正未必赫赫然者也。非推诚劳来，德教相迪，乌能使百姓亲爱，攀车涕泣而不释乎？

狄青判陈州，为人慎密寡言。在枢府日，有狄梁公之后，持梁公画像及告身十余道，诣青献之，以为远祖。青谢曰：『一时遭际，安敢自附梁公？』厚赠其人遣之，人服其量。

潘鳞长氏曰：魏之郊也，祀舜；唐之郊也，祀尧，皆谓其远祖，欲以夸耀天下，而不免为有识者嗤笑。甚者，郭崇韬既贵，而拜子仪之墓，何无耻之甚也！孔子曰：『非其鬼而祭之，谄也。』其冒他人之姓者，岂直为青之罪之。昔人今治之意乎？』遍不同。察其所宜最。

海翁朱氏曰：只『四张以寡』四字，曲尽小人面谄要之态。[illegible]由[illegible]，不干先而[illegible]，能免夫[illegible]之非乎？早当率理民一项，人无使有不见白之心，適可耳。

金华章氏曰：新安梧[illegible]，美恶本易以形。而要者来，又多掠暴前者，曾无补谱之意。而谴之痛，往之[illegible]，非一日矣。而王公能委曲求全，苟公能正词服众，己非青天白日之心乎？吾观古来身居名子者，未尝自揣分高，何世人之兼让不遑也？此吾人之所大戚也。

赵公辅知新城，政尚宽和，不用鞭扑，推诚劳来，民亦从令。小吏有过亦未尝谴责，或误犯禁者，但令改而已。民有罪必诲谕再三，然后绳之。在邑数年，无赫赫名。百姓亲爱，若慈父母。及去，攀辕[illegible]留，不忍舍。



海翁朱氏曰：[illegible]可[illegible]不可畏名，而不可畏名。真父母之名，不可不畏也，不畏，必有草菅其民者矣。能吏之名，则不可畏也，畏之，必至有赫赫干名而沽于民者矣。夫所谓慈父母之名，正未必赫赫[illegible][illegible]者也。非推诚劳来，德教相通，必能使百姓亲爱，攀辕涕泣而不释乎？

狄青[illegible]，为人慎密寡言。在枢府日，有狄梁公之后，持梁公画像及告身十余通，诣青献之，以为远祖。青谢曰：『一时遭际，安敢自附梁公？』厚遗其人遣之。人服其量。

海翁朱氏曰：[illegible]之恋也，名[illegible]。殆，容追其远祖，[illegible]以[illegible]天下，而不免为有识者所讥矣。其若郭崇韬贵显，而拜子仪之墓，何无耻之甚也！又曰：『非其道而取之，盗也。』其[illegible]人之[illegible]者，岂直[illegible]之人？曾犬彘之不若也。嗟乎！往有以逆珰为祖父者，不又犬彘之罪胤矣乎？又胡端敏在处州时，青田宦族胡氏自称胡安定后，携谱谒端敏，言安定曾教授苏湖。凡在二州者，皆其子孙，愿通谱。端敏峻拒之，曰：『某未尝受斯言于先人，义不敢许。』或劝留其谱，端敏不听。尝闻韩襄毅公贵盛时，有遗以宋蕲王画像者，欲公认为远祖。公谢不受，语家人曰：『自我作古可也，何必攀附他人，以取讥笑？』嗟乎，近来凡荐贤书者，尽引为同宗，隔省隔郡，一切不论。此不过欲广其羽翼，以夸耀门楣耳，不知立身万仞之上，便可垂名万禩，区区科名，何足重轻哉！况意苟相孚，友朋可效缓急；情或乖离，骨肉亦起戈矛。祖之认不认，又其次也。







傅尧俞守徐州，前守侵用库藏，俞设法偿之。未几，俞罢。后守复以文移俞当偿千缗，俞竟资贷之。后钩考得实，俞亦不辩。俞尝曰：『以帷簿之罪加于人，最为暗昧。万一非辜，则令终身被其恶名，至使君臣父子之间难施面目，言之得无认乎？』

潘鳞长氏曰：唐侯君集等平高昌还，有告薛万均私通高昌妇者，命出胡妇，付大理辩对。魏征谏曰：『臣闻使臣以礼，今遣大将军与亡国妇人对辩帷箔之私，实则所得者轻，虚则所失甚重。』今之刻核者唯恐不得称人之恶，其视傅魏二君，真凤凰之与鸱鸮矣。可见为政者要须识大体，不辱有位，即所以尊朝廷。轻重得失之间，诚不可不辨也。

司马光为西京留台，每出，前驱不过三节，后官宫相乘马，或不张盖，自持扇障日。程伊川谓曰：『公出无从

调和心气，乃应世接物第一著功夫。国朝南道御史乔祺谪判通州，先使人道意于知州杨鲁儒，问何以待我。杨曰：『渠以御史自处，我判官之，渠以判官自处，我御史之。』乔至，而事杨惟谨，杨亦待以殊礼，二人相得甚欢。爱人人爱，敬人人敬。彼以盛气加人者，徒招侮耳。又罗念庵先生，言某及第谒见魏庄渠公，公曰：『达夫立志，必不以一第为荣。』默坐终日，私心悚然。念庵固真能不以一第为荣者，而庄渠公复警策之如此，可见前辈以道相期许，视科第真不足为有无也。今人才得一第，便矜诩于乡党，视一切为不如者，当以念庵为师，庶令人可想见其高标矣。

金孝章氏曰：『状元』二字，其不易摆脱也久矣。口中无持易，心中无正难，非修身为己，别无摆脱之法，此







昔贤所以入山多年始克免也。若不能得师，则不知所事，不知所事，则不知所重轻，于是状元之为累大矣。

范纯仁徙成都路转运使，以新法戒州县不得遽行。安石怒其阻格，因谗者遣使欲捃摭私事，不得。使者以他事鞭伤傅吏，人喜谓纯仁曰：『此一事足以塞其谤，请闻于朝。』纯仁既不奏使者之过，亦不言折者之非，时论服其量。

潘鳞长氏曰：昔公在贬所，闻诸子怨章惇，必怒止之。一日，舟覆衣湿，顾诸子曰：『此亦章惇为之哉？』每念斯语，真足以遍衷而消蜂气耳。合二事观之，公之量，信难及矣。

苏颂知杭州，有要人以事属颂，颂不从。后当言路，怀忿抵巇。或恐以书迹具存，颂笑曰：『吾岂为是哉？』

又知颍州。判官赵至忠乃徽外降者，所至与守竞，颂待之以礼，且曲尽其诚。一夕，至忠感而泣曰：『身虽夷人，每见义则服，平生所诚服者唯公与韩魏公耳。』

潘鳞长氏曰：感人之易者，莫妙于义而要在本之平诚，虽抵巇之要人、桀骜之降夷，亦无不为之动，况编氓乎？如苏君者，可谓尽诚义之至者矣！

苏轼出帅钱塘。视事之初，押到匿税人，南剑州乡贡进士吴味道以二巨庵作公名衔，封至京师苏侍郎宅。轼讯庵中何物，味道曰：『今秋忝冒乡荐，乡人集钱百千为赆，因就置建阳纱二百端，计道路所经场务，尽行抽税，则至都下不存其半矣。窃谓当今负天下重名而爱奖士类，惟内翰与侍郎耳。纵有败露，必能情贷，遂假先生名衔，缄封而来，不知先生已临镇此邦，罪实难逃。』轼熟视







笑，呼掌笺吏，去其旧封，换题新衔，附至东京竹竿巷井。又手书一纸付子由，乃曰：『先辈这回将上天去也无妨。』明年味道及第来谢。有人假韩魏公书，谒蔡君谟，然士颇豪，与之三千，因回书，遣四兵送之。客至京谒魏公谢罪，公徐曰：『君谟手段小，恐未足了公事。夏太尉在长安，可往见之。』即为发书。子弟疑谓包容已足。书可勿发。公曰：『士能为我书，又能动君谟，其才器不凡矣。』至长安，夏竟官之。秦桧当国，有假桧书谒扬州守。守觉其伪，缴原书管押回。桧见之，即假以官资。或问其故，曰：『有胆假桧书，必非常人也。若不以一官束之，则北走胡，南走越矣。』并述此以见能干办天下事者，即至奸如桧，亦须具豪杰之器量乃能收拾人心耳。

潘鳞长氏曰：大凡泛驾之材，有奇智异能可资时用

者，往往不拘小节，所谓大手段人也。即多所欲，亦所谓足当自止者也。御之有方，故往往得其力。羊祜之任王浚也，曰：『浚有大才，将济其所欲，必可用也。』果赖之以平吴。盖至今不多浚之能立功，而多祜之能驭才。浚尝起宅，开门前路广数十步，人谓太过。曰：『吾欲使容长戟、幡旗。』众咸笑之。浚曰：『陈胜有言「燕雀安知鸿鹄之志」。』夫其意量如此，岂肯终寂寂者乎？然使非叔子，则亦不能用也。得之可与图成，失之亦足以为乱。所贵在位者，安置得宜耳。诚若苏、韩两公之宇度，安得不奔走天下豪俊哉？即奸桧之言故自有见，不可以人废也。

陈俊卿为泉州司理，同僚宴集，恒谢不往。一日郡中火起，守汪藻往视之，诸掾属方出饮，俊卿舆卒悉借去，并以后至被诘，俊卿唯唯，已而藻知其实，问其故，俊卿



曰：『某不能止僚友之行，又自解以重人之罪，可乎？』藻叹服其量。

潘鳞长氏曰：俊卿既素谢同僚之宴，宜若不可与偕焉者，及视火后至，复以僚友之故。在褊心者处此，必将自表异矣。乃随众唯唯。反以不能止人自责，而不欲重人之罪以自明，又何其宽厚不可量乎！若俊卿者，不自失亦不失人，斯可以群也已。

## 清 操

德既大矣，尤严在细。耕莘任重，取与之际。敢告有位，无封于尔家而民之厉。次清操第四。

潘鳞长氏曰：元公无欲之教至矣。盖无欲则心清，心清则智出，举天下事有外此者乎？公仪休而下固多藻洁士，至一钱、一鱼、一琴、一鹤、一砚一饭之间，且兢兢焉，果皆与敝簏之心同乎哉？等贫富，均荣辱，齐生死，寂乎逃名，澹乎忘善，而后无欲至矣。彼房琯见一紫芝眉宇，犹叹其『使人名利之心都尽』，设在元公风月中，又不知其何如也。

公仪休相鲁，奉法循理，无所变更，百官自正。使食禄者不得与下民争利，受大者不得取小。客有遗休鱼者，休不受。客曰：『闻君嗜鱼，故遗，何不受也？』休曰：『以



嗜鱼故不受也。夫受鱼，必有下人之色，将枉于法矣。今为相能自给鱼；今受鱼而免，谁复给我鱼者？吾故不受也。』又食茹而美，拔其园葵而弃之。其家织布好而疾出其家妇，燔其机，云：『欲令农工士女将安所售其货乎？』

潘鳞长氏曰：南宋武帝诏云：『贵戚竞利，兴货厘市者，悉皆禁制。』而其臣谢庄复广其意，进曰：『大臣在禄位者，尤不宜与民争利，不审可得在此诏否？拔葵去织，实益深弘。』夫以千载而下，偏霸之臣，于休之风轨犹有深慕焉。乃史迁谓『千乘之主、万家之侯、百室之君，尚犹患贫』者，岂自伤困乏不能自赎，而矫为之言乎？不然，何崇货殖，与公仪子异趣也？

晏婴为齐大夫，朝乘敝车驽马。景公见之曰：『嘻，

夫子之禄寡耶？何乘不任之甚也？』晏子对曰：『赖君之赐，得以寿三族，及国交游皆得生焉。今得暖衣饱食，敝车驽马以奉其身，于臣足矣。』晏子出。公使梁丘据遗之辂车乘马，三还不受。公不悦，趣召晏子至，景公曰：『夫子不受，寡人亦不乘。』晏子对曰：『君使臣临百官诸吏，节其衣服饮食之养，以先齐国之人，然犹恐其侈靡，而不顾其行也。今路车乘马，君乘之，上臣亦乘之，下民之无义侈其衣而不顾其行者，臣无以禁之。』遂让不受。

潘鳞长氏曰：余观晏子之躬行节俭，真足以挽颓风，然求诸当日列国之卿大夫，未易其匹，庶几一子产耳。然近世亦有常俸之外，不取一文者，而搜括损助之令，不时下布，冀欲斯人水饮之是甘，能乎？可见旌廉之法，莫若厚其禄赐，庶敝车驽马之风将复见于今日。否则



常俸尚不能饱其自好之身，又恶能得寿三族，而推及交游也哉？

鬬子文为令尹，以楚之多故，自毁其家以纾国难，不为爵劝，不为禄勉，以忧勤于社稷。四十年缯布之衣以朝，鹿裘以处，家无一日之积。王闻之，于是每朝设一束脯、一筐糗以羞子文。子文辞而逃之，王止而后复。或谓人生求富，子逃之，何也？曰：『夫从政所以庇民也。民多旷者，而我反富焉，是勤民以自殖也，死无日矣，我逃死非逃富也。』按：子文之为令尹凡三十八年，其功业无足取者，独此忧勤节俭可为人臣事君之式，故书之。

孙叔敖为楚令尹，妻不衣帛，马不食粟。尝乘栈车牝马，披羖羊之裘，从者曰：『车新则安，马肥则疾，狐裘则温，何不为也？』叔敖曰：『吾闻君子服美益恭，小人服

美益倨，吾无德以堪之矣。』一日，庄王置酒召优孟。优孟歌曰：『贪吏常苦富，廉吏常苦贫。独不见叔敖之子孙，被褐而负薪。』叔敖疾将死，戒其子曰：『我死王必封汝，汝必无受利地。楚越间有寝丘者，其地不利，其名甚恶。楚人鬼而越人机，可长有者惟此。』叔敖死，王果以善地封其子，其子不受而请寝丘，王与之四百邑。其后祀十世不绝。

潘鳞长氏曰：按：《鲁论》言子文三仕为令尹，无喜色；三已之，无愠色。《循吏传》：叔敖三得相而不喜，三去相而不悔，其于功名之际略同。至子文深自抑损，而不忍自殖以逃死，叔敖戒其子以无受利地，然二子取予之致亦较若一焉。彼其所见者大，而所虑者远也。今世人介介于得失，或酿子孙以必争之害，是何智之不逮二子耶？







朱邑为桐乡啬夫，廉平不苛，所部吏民无不爱敬。迁守北海，以治行第一，入为大司农。为人醇厚，笃于故旧。然性公正，不可以私干，所得禄赐，尽赡九族乡党。天子器之，下诏称恤，以为邑廉洁守节，亡疆外之交，束修之馈，可谓淑人君子矣。初邑病将革，属其子曰：『我故为桐乡吏，其民爱我，死必葬我桐乡。』既卒，桐士民果为邑起塚祠，岁时祭祀不绝。

金孝章氏曰：今人遂以立祠为利，官在任辄祠之，去即已焉。亦有请之其人，其人力谢止不欲者。彼其自知甚明，谓姑以此谀我，去而旋毁之，不如其已也。知此则知朱邑葬桐乡之心矣。

潘鳞长氏曰：观邑葬桐乡而民祀之之事，可知民不

为祠，不必要，为祠正不必谢。何也？祠非要可得，亦不以谢故免耳。然总之生祠之建，只于未去既去之间，定其优劣。乃今则不然者，仕途蹭蹬，则已建者，日渐颓污；官崇爵高，则未建者顿为崇焕。世道恶薄，士风有如驵侩。桐乡祠外，政未足以尽凭也。

黄香守魏郡。郡例，园田与百姓分种。岁收租数十斛，香曰：『《田令》「商者不农」，《王制》「仕者不耕」，伐冰食禄之人，不与百姓争利。』乃悉以给贫者，课令耕种，后子琼复守魏，父老庆曰：『黄氏有子矣。』

羊续守南阳，入境即羸服间行，凡长吏贪洁、吏民良猾皆廉知其状，一郡震竦。俗尚奢侈，续惟敝衣薄食，车马羸败，以身先教。府丞以生鱼献，受而悬之庭，杜其后进，自是丞不敢再献。妻率子秘入郡，舍不纳。筒室中惟





布衾、盐、菜而已。灵帝时欲拜续太尉，时进三公者，皆输东园礼钱三万，令中使督之，名为『佐驺』。续乃坐使于单席，举缊袍以示曰：『续之所资惟斯而已。』中使白之，帝不悦，遂不拜。

潘鳞长氏曰：汉贿入于上，今贿行于下。入于上者，主德衰而国随以亡，入于下者，臣德衰而品因以卑。何如羊叔子缊袍相示，清风凛凛之可敬也！我朝王恕抚云南，不挈僮仆，惟行李一，日给乳豆二块，其告示有云：『欲携僮仆随行，恐致子民嗟怨，是以不惜衰老，单身自来，意在洁己奉公，岂忍纵人坏事？』人皆录其示焚香礼之；王公澡洁之操，大类叔子。至叔子不纳妻子一事，略觉过当。噫，此不贤于邬懋卿以五彩饰舆，宠妻子，令天下万世唾骂，劳民伤财，逾分无耻之小人哉！

潘鳞长氏曰：随力及物，即是功业，此与明道先生之言略同。至于仕至卿相，不可失寒素体，此非独不忘其初，抑所谓善于履盈者。唐太宰渔石公致政家居，年逾七旬，出入里中未尝乘轿。吴文定、朱恭靖，俱以清华，位至崇膴，其居里第，亦多徒行，鱼鱼雅雅，如一庠士，古所谓鞠躬君子非乎？可以敦浇薄矣。

金孝章氏曰：分之所在，一毫跻攀不上，苟明于此，非惟上交不谄，抑亦进退绰如，正己而不求于人，所以无入不自得也。

[illegible]州，请因其废垒而城之，以当寇冲。右可固廷安之势，左可致河东之粟，北可图银夏之旧。有是三利，朝廷从之。命世衡董其役。世衡胆勇过人，虽遍戎落曾不畏惮，与兵民暴露数月，且战且城。然处险无泉，议不可守，凿地百五十尺始至石，工徒拱手曰：『是不可井矣。』世衡曰：『过石而下，将无泉耶？』命工屑而出之，凡一畚偿尔百金。』工复致力，过石数重，泉果沛发，朝廷因署为青涧城焉。

罗立言令河阴。县旧无城郭，豪右出入为奸，不能制。先是令此者，议城多因循未举。立言至，身亲聚材鸠工。凡地近城者皆富贵大贾所占，遂下令籍其地。其有原侵官界私立宅舍者，悉没还官，宽其占逾之罪。仍亲自画地分筑，纪其润狭，不逾年而城郭完固，民无困者。

李皤主管度（庆）元至道宫，尝曰：『凡人不必待仕有位为职事，方为功业，但随力到处有以及物，即功业矣。』又曰：『仕宦至卿相，不可失寒素体。夫子无入不自得者，正以磨揉迁徙，不至居移气、养移体。』因诵古语曰：『分之所在，一毫跻攀不上，善处者退一步耳。』

骑，有未识者。』光曰：『光惟求人之不识尔。』

潘鳞长氏曰：夫爵位尊显、声名赫奕者，往往树的而招人之射，正以识之者众耳。士君子须用晦为明，如龙之潜渊，如豹之隐雾，庶知我者希，此温公之所以正不欲人识也。至于人之佳否，原不论识与不识，但不可过为表襮耳。总之，事出于无意者为佳。嗟乎！近膺一命之荣者，莫不前呼后拥以自尊贵。即无风日之时，犹张盖入室，以为体固宜然，肯自持扇障日者乎？迩唯苏州守陈默庵先生，每出，舆卒不过十数人，甚或郊迎上官，自轿伞夫而外，阒无人矣。间有时而零星四集，公亦不以为意，人亦莫识其为守也。睹温公之遗范，先生斯无丑矣。或曰：此郡侯之细事耳，子何独扬之？余曰：不然。郡侯一身乃一郡风俗浇淳所关，倘不于此而身先表率，是





何异于士子一登贤书，家人走城市，满面帖举人样子矣？故欲挽浇风须先此处植根始，而民有所观感也。设令天下尽如公之所行，淳古之风可立见矣。

吴大忠拜宝文阁直学士。马涓以进士举首，入幕府自称状元。大忠曰：『状元云者，及第未除官之称也。既为判官，则不可因。』勉以修身为己之学、临政治民之要。涓乃以为得师焉。又韩持国知颍州，从彦以状元判州事，每称状元。持国厉声曰：『状元无官耶？自后当改呼佥判。』从彦衔之。

潘鳞长氏曰：合二事观之，君子之出词吐气，宜和平，不宜峻厉。和平则理明而听者快心，峻厉则气激而听者逆耳。夫二事一体也，一以平气迎人而人师之，一以厉声叱人而人衔之。可见盛气难以服人，和衷可以率物。故